Anis

W0221865

Süßer Kümmel, Römischer Fenchel
Pimpinella anisum

Aussehen: Bis 50 cm hoch, gefiederte, hellgrüne Blätter, weiße Blütendolden, weiße Samen in kleinen eiförmigen Früchten. Einjährig.
Geschmack: Stark süßwürzig.
Verwendung: Samen für Gebäck, Süßspeisen, Obstsalat, Pilze, Likör.
Kultur im Garten: Ab Ende März ins Frühbeet, Anfang April ins Freiland an einen sonnigen Platz. Samen gut bedecken, Dunkelkeimer. Keimdauer bis 4 Wochen. Auf 15 cm Abstand verziehen, Boden etwas kalken. In kühlen Sommern reifen die Samen nicht aus.
Ernte: Dolden nach und nach abschneiden, wenn die Früchte bräunlich werden. Lockere Sträuße über einem sauberen Tuch aufhängen, Samen ausklopfen.
Aufbewahrung: In Schraubgläsern, Blechdosen.

Basilikum

Königskraut, Balsam
Ocimum basilicum

Aussehen: Bis 50 cm hohe, kantige Stengel mit hellgrünen, bei einigen Sorten roten, nach oben gewölbten Blättern. Kleine weiße bis rosa Blüten. Einjährig.
Geschmack: Pfeffrig-süß, sehr eigenwillig, nicht mit anderen Gewürzen mischen.
Verwendung: Blätter zu Tomaten, Kräutersoßen, Salaten, Mittelmeergemüsen, Fisch. Nicht kochen.
Kultur im Garten: Aussaat Ende Mai an sehr sonnigen Platz; bei Nachttemperaturen unter 10 °C keimt der Samen nicht. Setzlinge sind sicherer.
Kultur im Topf: Im Kasten aussäen, im Blumentopf pflanzen. Wächst im Topf besser als im Garten. Kein Dünger, feucht halten.
Ernte: Junge Blätter ständig.
Aufbewahrung: In Essig oder Öl.

Für den Kräuterliebhaber

gilt der Spruch »am Würzen erkennt man den Meister«. Er trifft erfreulicherweise nicht mehr nur auf die professionellen Köche erlesener Feinschmeckerlokale, sondern auch wieder für die vielen unbekannten Meisterinnen und Meister am heimischen Herd zu. Vorbei sind die Zeiten, in denen jede Mahlzeit mit einer Einheitssoße überzogen wurde. Kreativität beim Würzen ist angesagt. Kochen macht wieder Spaß, und Essen wird zum Genuß, mit Kräutern gewürzt ist es zudem bekömmlicher. Thymian und Rosmarin, Basilikum und Origano, Melisse und Minze gehören heute so selbstverständlich in jede Küche wie Pfeffer und Salz. Dabei greift man immer seltener zu gekauften Fertigprodukten. Frisch und selbstgezogen müssen die Kräuter sein, mit denen die Speisen verfeinert werden. Wer keinen eigenen Garten hat, in dem er die Kräuter selbst ziehen kann, hält sich ein Sortiment Küchenkräuter in Kästen oder Töpfen auf dem Balkon oder am Küchenfenster.

Im *GU Kompaß Küchenkräuter* finden Sie eine Auswahl der beliebtesten Küchenkräuter, die Sie selbst im Garten oder in Kästen und Töpfen anpflanzen und so das ganze Jahr frisch ernten können. 40 Farbfotos zeigen Ihnen, wie die Gewürzpflanzen aussehen. Die kurz gefaßten Steckbriefe beschreiben die Pflanzen und teilen Wissenswertes über Kultur, Pflege, Ernte, Verwendung und Konservierung mit. In einem allgemeinen Teil, der sich (ab Seite 43) an die Steckbriefe anschließt, wird ausführlich auf Anbau, Pflege und Ernte im Garten sowie im Kasten oder Topf eingegangen; hier bekommen sie auch weitere Tips zur Aufbewahrung der Kräuter. Am Ende steht eine kleine Auswahl klassischer Kräuterrezepte für die Küche.

Der *GU Kompaß Küchenkräuter* ist sowohl bei der Bestimmung der Kräuter als auch beim Einkauf in der Gärtnerei oder auf dem Markt eine wichtige Hilfe. Nun können Sie Ihre eigenen Kräuter ohne Probleme selbst ziehen.

Viel Freude dabei und Spaß am Würzen
wünschen Ihnen Autorin und GU Naturbuch Redaktion

Foto Umschlagvorderseite: Basilikum; Umschlagrückseite: Kräutergarten

Gebrauchsanleitung

Im vorliegenden *GU Kompaß Küchenkräuter* werden die bekanntesten und beliebtesten Küchenkräuter vorgestellt. Sie sind nach Kulturdauer im Garten (einjährig, zweijährig, ausdauernd) geordnet. Die Reihenfolge innerhalb der drei Gruppen ist alphabetisch. Naturfarbfotos zeigen die für das Erkennen der abgebildeten Pflanze wichtigen Merkmale. Leicht verständliche, kurz gefaßte Beschreibungstexte informieren über Aussehen, Kultur, Verwendung, Ernte und Aufbewahrung. Der allgemeine Teil (ab Seite 43) enthält eine kleine Kräutergeschichte, eine Auswahl klassischer Kräuterrezepte und geht nochmals ausführlich auf Anbau, Ernte und Pflege ein.

Bedeutung der farbigen Kennstreifen

Um auf den ersten Blick deutlich zu machen, welcher Standort für die beschriebene Gewürzpflanze der günstigste ist, wurden die Abbildungen mit Farbbalken versehen.

sonniger Platz

schattiger Platz

halbschattiger Platz

Erläuterung der Beschreibungstexte

Über dem Bild steht der in der Botanik übliche deutsche Name der Pflanze. Zu Beginn des Steckbriefs sind die in Deutschland, Österreich und der Schweiz gebräuchlichsten volkstümlichen Bezeichnungen aufgeführt; gleich anschließend folgt der lateinische Name.
Unter **Aussehen** werden die wichtigsten Merkmale der Pflanze beschrieben sowie die Kulturdauer (einjährig, zweijährig, ausdauernd) angegeben. Je nach **Geschmack** wird die entsprechende **Verwendung** empfohlen. Die Stichworte **Kultur im Garten** oder **im Topf** enthalten Tips für Anbau und Pflege. Bei **Ernte** wird auf die beste Erntezeit (Jahreszeit) hingewiesen. Für die **Aufbewahrung** der Kräuter werden die verschiedenen Möglichkeiten empfohlen.

Die Autorin

Christine Recht ist Mitarbeiterin von Gartenfachzeitschriften, Autorin verschiedener Gartenfachbücher sowie des GU Pflanzen-Ratgebers »Kübelpflanzen«. Sie greift bei ihrer Arbeit stets auf praktische Erfahrungen im eigenen Garten zurück.

Bohnenkraut

Wurstkraut, Gartenquendel, Pfefferkraut
Satureja hortensis

Aussehen: Verzweigte, harte Stengel mit schmalen dunkelgrünen Blättern und rosa bis lila Blüten. Einjährig.
Geschmack: Stark würzig-pfeffrig.
Verwendung: Zu grünen und getrockneten Bohnen, Eintöpfen, Kartoffelgerichten. Mitkochen.
Kultur im Garten: Ab April ins Frühbeet, ab Mai ins Freiland an einen sonnigen Platz, am besten an den Rand des Bohnenbeetes; schützt Bohnen vor Läusen. Nicht zu dicht stehen lassen, sonst entwickeln sich nur wenige Blätter. Lichtkeimer.
Kultur im Topf: Auf dem Balkon mit anderen Kräutern in Kistchen.
Ernte: Ab Juni kurz vor und während der Blüte zum Aufbewahren, sonst frisch.
Aufbewahrung: Als Kräuterstrauß, im Schraubglas.

Boretsch

Gurkenkraut, Liebäuglein
Borago officinalis

Aussehen: Bis 1 m hohe, buschige Pflanze mit behaarten, grünen Blättern und leuchtend grauen Blüten. Einjährig.
Geschmack: Feinsäuerlich, etwas nach Gurken.
Verwendung: Zu frischen Salaten, Eiergerichten, Käse, Quark. Nicht kochen, nur frisch verwenden.
Kultur im Garten: Im April Aussaat ins Freiland, an sonnigen Plätzen; feuchte, nährstoffreiche Erde. Braucht viel Raum und viel Wasser. Auf 40 cm verziehen. Sät sich in Folge selbst aus.
Kultur im Topf: In recht großen Topf aussäen, an sonniges Fenster stellen, besser auf den Balkon.
Ernte: Ständig frisch, die jungen Blätter sind die besten.

Gurkenkräutel, Kümmerlingskraut
Anethum graveolens

Aussehen: Bis 15 cm hoher Stengel mit sehr feingefiederten, hellgrünen Blättchen. Ab Juni große, gelbblühende Dolden, Samen braun. Einjährig.
Geschmack: Blätter frischwürzig, Samen kümmelartig.
Verwendung: Blätter zu grünen Salaten, Tomaten-, Gurken- und Kartoffelsalat, Soßen, Fisch. Nicht kochen. Samen zum Einlegen von Gurken u. ä.
Kultur im Garten: Aussaat ab April, dann immer im Abstand von 4 Wochen an sonnigen Plätzen. Verträgt keine Trockenheit.
Kultur im Topf: Zwischen Balkonblumen im Kasten, im Topf am Fenster wird er leicht gelb.
Ernte: Blätter ständig frisch, Samen ab August.
Aufbewahrung: Blätter getrocknet bzw. eingefroren. Samen im Schraubglas.

Kapuzinerkresse

Indische Kresse, Blume der Liebe
Tropaeolum majus

Aussehen: Buschige oder rankende Pflanze mit runden, blaugrünen Blättern und leuchtendorange bis gelben Blüten. Einjährig.
Geschmack: Kresseartig, aber nicht so scharf.
Verwendung: Blätter und Blüten zu Salaten, Quarkspeisen, aufs Butterbrot, Blütenknospen (nicht die Früchte!) als Kapern.
Kultur im Garten: Aussaat Mitte Mai an einen sonnigen oder halbschattigen Platz; tief legen. Paßt gut an Beeträndern, gibt bei Zwischenpflanzung Kartoffeln ein besonderes Aroma.
Kultur im Topf: Hübsche Balkonpflanze, als Unterpflanzung bei Kübelpflanzen. Nicht stark düngen.
Ernte: Ab Juni Blätter und Blüten, im Frühjahr Blütenknospen.
Aufbewahrung: Knospen in Salzlake als Kapern.

Kerbel

Küchenwürze, Suppenkraut, Karweil
Anthriscus cerefolium

Aussehen: 60 cm hoher, hohler Stengel mit hellgrünen weichen Blättchen. Ab Mai weiße Blütendolden. Einjährig.
Geschmack: Würzig-süß, anisartig, aber milder.
Verwendung: Junge Blätter vor der Blüte zu Suppen, Soßen, Salaten, Omeletts (fines herbes). Nicht mitkochen oder erhitzen.

Kultur im Garten: Aussaat Ende März, alle 3 Wochen 1 Reihe an einem halbschattigen Platz. So kann bereits nach 8 Wochen und dann ständig geerntet werden. Glattblättriger und krauser Kerbel gleichwertig.
Kultur im Topf: In Kistchen oder Schalen. Nach der Ernte neue Erde verwenden. Erde nicht trocken werden lassen.
Ernte: Blättchen vor der Blüte.

Knoblauch

Knofel, Knoblich
Allium sativum

Aussehen: Knolle mit vielen einzelnen »Zehen«, weiß oder rosa, je nach Sorte. Schmale Blätter. Am langen, anfangs gewundenen, reif gestreckten Stiel bildet sich eine Blüte in einer zipfligen Hülle. Zwischen den Blüten sitzen Brutzwiebeln. Einjährig.
Geschmack: Scharf.
Verwendung: Zu fast allen Gerichten, Salaten, zum Einlegen. Gequetscht sehr kräftig, geschnitten milder. Nicht zu lange kochen, sonst Geschmacksverlust.
Kultur im Garten: Zehen im August an einen sonnigen Platz stecken, die Knollen werden dann größer als bei Pflanzung im Frühjahr. Boden nur mit Kompost vorbereiten.
Ernte: Bei Herbstpflanzung im Sommer, bei Frühjahrspflanzung im Herbst.
Aufbewahrung: Knollen trocken und kühl lagern. Zehen in Öl.

Koriander

Wanzendill, Schwindelkraut
Coriandrum sativum

Aussehen: Bis 70 cm hohe Stengel mit unten dreilappigen, oben gefiederten Blättern. Ab Juni weiß-rosa Blütendolden. Früchte braun und zweiteilig. Einjährig.
Geschmack: Würzig-süß.
Verwendung: Samen für Lebkuchen, zum Einlegen, für orientalische Süßspeisen, Likör.

Kultur im Garten: Aussaat ab Anfang April an einem sehr sonnigen Platz. Boden leicht kalken. Auslichten auf 15 cm. Boden immer locker halten.
Ernte: Bevor der Samen ganz reif ist, Stengel mit Samendolden bei feuchtem Wetter schneiden, trocknen, über sauberem Tuch ausklopfen.
Aufbewahrung: Im Schraubglas.

Gartenkresse, Pfefferkraut, Kressekraut
Lepidum sativum

Aussehen: Zähe, dünne Stengel mit hellgrünen, verschieden gefiederten Blättchen. Blüte weiß-rosa. Einjährig.
Geschmack: Scharf, frisch.
Verwendung: Nur kleine Pflanzen für Salate, Suppen, Quark, Eier.
Kultur im Garten: Ab März in Reihen oder breitwürfig auf Beete säen; als Zwischensaat bis Mai, ab August zu anderen Pflanzen. Keimt in wenigen Tagen, kann schon nach 1 Woche geschnitten werden. Als Zwischensaat nicht höher als 10 cm werden lassen, das in der Kresse enthaltene Senföl stört die anderen Pflanzen.
Kultur im Topf: Wächst problemlos in flachen, mit feuchtem Küchenkrepp ausgelegten Schalen.
Ernte: Ständig frisch bei 10–15 cm Höhe.

Majoran

Wurstkraut, Mairandost, Kranzkraut
Majorana hortensis

Aussehen: Rötlicher, vierkantiger Stengel mit vielen Verzweigungen und fein behaarten, kleinen, eiförmigen Blättern. Ab Juni weißlila Blüten. Bei uns einjährig.
Geschmack: Kräftig-würzig.
Verwendung: Blättchen und Blüten zu Fleischgerichten, Bratkartoffeln, Eintopf, Tomatengerichten. Wird mitgekocht.
Kultur im Garten: Im Zimmer vorziehen (Lichtkeimer), ab Mai an einen sonnigen, sehr warmen Platz auspflanzen. Sehr frostempfindlich.
Kultur im Topf: Im Herbst 3–4 kleine Pflanzen zusammen in einen Topf an sehr sonniges Fenster stellen.
Ernte: Ständig Triebspitzen. Zum Trocknen ganze Triebe kurz vor dem Aufblühen schneiden.
Aufbewahrung: Im Leinensäckchen oder Schraubglas.

Paprika

Spanischer Pfeffer, Peperoni
Capiscum annuum

Aussehen: Kleiner, stark verzweigter Busch mit eiförmigen, dunkelgrünen Blättern, ab Mai weiße Blüten, ab Juli rote oder grüne Schoten. Bei uns einjährig.
Geschmack: Sehr scharf.
Verwendung: Zu Gulasch, Chili und anderen scharfen Fleischgerichten.
Kultur im Garten: Auf der Fensterbank vorziehen, ab Mitte Mai starke Setzlinge ins Freie an einen sonnigen Platz in gut gedüngten Boden. Eigenes Beet, nicht ins Kräuterbeet. In kühlen Sommern bilden sich nur unter Folientunnel Früchte.
Kultur im Topf: Zierpaprika gedeiht besser. Im Balkonkasten Freilandpflanzen.
Ernte: Ab Juli/August Schoten. Langsam im Schatten trocknen. Grüne Schoten werden dann oft rot.
Aufbewahrung: Im Schraubglas, in Essig oder Öl.

Portulak

Bürzelkohl, Purzelkraut, Postelein
Portulaca oleracea

Aussehen: Fleischige Stengel mit dicken, eiförmigen Blättern. An den Triebspitzen und in den Zweigachseln gelbe, kleine Blüten. Einjährig.
Geschmack: Frisch-säuerlich.
Verwendung: Blätter, Stengel und Blüten zu Salaten aller Art. Gekocht wie Spinat.

Kultur im Garten: Ab Mitte Mai alle 3 Wochen Aussaat in Reihen an einen sonnigen Platz. Lichtkeimer. Darf nur mit Kompost gedüngt werden! Viel gießen. In kühlen Sommern nur schlechtes Gedeihen.
Kultur im Topf: In sandiges Substrat in weite Töpfe oder Kästen. Nicht düngen, sehr hell stellen.
Ernte: 4 Wochen nach Aussaat, dann fortlaufend. Nicht zu tief abschneiden, dann kommt er mehrmals.

Senf

Senfsaat, Mostrich
Sinapsis alba, S. nigra (Bild)

Aussehen: Kantiger, bis 1,20 m hoher Stengel mit rauh behaarten, eiförmigen Blättern. Gelbe Blütentrauben an der Triebspitze. Samen bei gelbem Senf gelblich, bei schwarzem dunkelbraun. Einjährig.
Geschmack: Scharf-würzig.
Verwendung: Samen zum Einlegen von Gurken, Tomaten u. ä., zur Senfzubereitung. Blätter an Salate.
Kultur im Garten: Aussaat ab Mitte Mai ins Freiland, keimt sehr schnell. Samen reifen nur an sehr sonnigen Standorten und bei früher Aussaat.
Kultur im Topf: In normale Blumenerde säen.
Ernte: Junge Blätter ständig. Samenstände bei feuchter Witterung schneiden, im Backofen bei 50 °C nachtrocknen.
Aufbewahrung: Samen in Papiertüten, im Glas Gefahr des Auskeimens.

Wiesenkümmel, Köm, Kummach
Carum carvi

Aussehen: Bis 1,20 m hoher, kantiger, geriffelter Stengel mit zart gefiederten Blättern. Ab Mai weiße oder rosa Blütendolden, ab Juni zweiteilige Früchte. Zweijährig.
Geschmack: Arttypisch.
Verwendung: Reife Samen und junge Blättchen zu Kohlgerichten, Quarkspeisen, Kartoffelgerichten.
Kultur im Garten: Aussaat ab April oder im September an einen sonnigen Platz, in schwach gedüngten, feuchten Boden. Lichtkeimer. Im 1. Jahr nur Blattrosetten, im 2. Jahr Blüten und Früchte.
Kultur im Topf: Nur einjährig, man verwendet dann die Blättchen.
Ernte: Samen ausreifen lassen, bei feuchtem Wetter abnehmen, im Backofen nachtrocknen.
Aufbewahrung: Samen im Schraubglas.

Löffelkraut

Scharbocksheil, Skorbutkraut
Cochlearia officinalis

Aussehen: Bis 40 cm hoher, kantiger, gefurchter Stengel mit unten löffelförmigen, oben eiförmigen Blättern. Von Mai bis Juni im 2. Jahr duftende, weiße Blütentrauben. Zweijährig.
Geschmack: Kresseartig-salzig.
Verwendung: Zu allen Salaten, vor allem Kartoffelsalat, zu Quark und aufs Butterbrot. Nur roh verwenden.
Kultur im Garten: Aussaat ab März oder September ins Freie in Reihen an einen halbschattigen Platz. Keimt innerhalb von 2 Wochen. Immer gut feucht halten. Im Winter mit Reisig abdecken, um weiterzuernten.
Kultur im Topf: Jederzeit in Blumenerde aussäen, immer gut feucht halten.
Ernte: Das ganze Jahr hindurch nur die unteren löffelförmigen Blättchen.

Petersilie

Peterle, Suppenwurzel, Federselli
Petroselinum crispum

Aussehen: Im 1. Jahr kantige Stengel mit gekrausten, gefiederten Blättern in einer Rosette. Im 2. Jahr grünlich-gelbe Blüten, Blätter dann ungenießbar. Im Handel sind krause, glatte und Wurzelpetersilie.
Geschmack: Würzig.
Verwendung: Zu Salaten, Kartoffeln, Gemüsen, Suppen, Soßen. Nicht mitkochen. Wurzelpetersilie wird in Suppen und Fleischgerichten mitgekocht.
Kultur im Garten: Aussaat im Sommer in warme, mit Kompost gedüngte Erde im Halbschatten. In jedem Jahr an einen anderen Standort, verträgt sich nicht mit sich selbst. Je öfter man Blätter abnimmt, desto üppiger wächst sie.
Kultur im Topf: Aussaat jederzeit; besser Jungpflanzen.
Ernte: Ständig frisch.
Aufbewahrung: Einfrieren.

Sellerie

Schoppenkraut, Eppich
Apium graveolens

Aussehen: Gewürz- und Gemüsepflanze. Bildet dicke, weiße Knolle mit kantigen Stielen und gelappten, dunkelgrünen Blättern. Schnittsellerie nur zum Würzen geeignet. Zweijährig, aber im 2. Jahr ungenießbar.
Geschmack: Würzig.
Verwendung: Zu Suppen, Soßen, Fleischgerichten.
Kultur im Garten: Vorziehen auf der Fensterbank, da sehr frostempfindlich. Lichtkeimer. Ab Mai ins Freie an beliebigen Platz setzen. Nach dem Anwachsen mit etwas Kochsalz düngen.
Kultur im Topf: Nur Schnittsellerie. In einen Topf oder flachen Kasten ab März säen, feucht halten.
Ernte: Junge Blättchen ständig, man braucht nur wenig wegen des kräftigen Aromas. Bei Knollensellerie nur die äußeren Blätter.
Aufbewahrung: Einsalzen, einfrieren, trocknen.

Beifuß

Gänsekraut, Wilder Wermut, Frauenkraut
Artemisia vulgaris

Aussehen: Bis zu 2 m hoher Busch mit behaarten Stengeln und verschieden gefiederten, oberseits dunkelgrünen, unterseits weißlichen Blättern. Von Juli bis September gelbliche, filzige Blüten in Rispen. Ausdauernd.
Geschmack: Herb-würzig, zartbitter.
Verwendung: Zu allen fetten Fleischgerichten.

Kultur im Garten: Setzlinge an einen sonnigen, sehr warmen Platz mit sehr magerem Boden (mit Sand oder Kies lockern). Im Winter abfrieren lassen, sie kommt im Frühling wieder.
Ernte: Blätter, solange die Pflanze noch nicht blüht, danach sind sie zu bitter.
Aufbewahrung: Getrocknet in Schraubgläsern.

Winterbohnenkraut
Satureja montana

Aussehen: Bis zu 50 cm hoch. An schnell verholzenden, verzweigten Stengeln dunkelgrüne, schmale Blättchen, dazwischen ab Juni weiße, rosa oder violette Lippenblüten. Ausdauernd.
Geschmack: Wie das einjährige Bohnenkraut, etwas kräftiger.
Verwendung: Zu Bohnen, Suppen, Kartoffelgerichten, Eintopf.
Kultur im Garten: Aussaat April oder August an einen sonnigen Platz. Setzlinge im Mai auspflanzen. Trocken halten. Im Frühling etwas zurückschneiden.
Kultur im Topf: Im Winter auch an einem geschützten Platz im Balkonkasten.
Ernte: Schmeckt am kräftigsten kurz vor und während der Blüte (wird mitverwendet). Nur bei älteren Pflanzen den ganzen Winter über.
Aufbewahrung: Als Strauß, getrocknet.

Brunnenkresse

Bach- und Wiesenkresse, Wasserlauchkraut, Quellenkrauke
Rorippa nasturtium-aquaticum

Aussehen: Bis zu 40 cm lange Stengel mit saftiggrünen, grob gefiederten Blättern, unterseits mit kleinen Wurzeln. Ab Mai weiße Blüten. Ausdauernd.
Geschmack: Sehr scharf.
Verwendung: Zu Salaten, Quark, Kräuterbutter, aufs Butterbrot.

Kultur im Garten: In wasserdichten Plastikschalen, halb mit Erde und Wasser gefüllt, ansäen, das Wasser muß immer 1 cm über der Erde stehen. Die Schale an einen schattigen Platz stellen. Immer wieder bewurzelte Stücke abnehmen und neu pflanzen, alte Pflanzen werden unergiebig.
Ernte: Ständig ältere Blättchen, sie sind aromatischer als junge. Ernte bis Dezember.

Duftblattpelargonien

Rosengeranien, Zitronengeranien, Pfefferminzgeranien
Pelargonium graveolens / citrosum / tomentosum

Aussehen: Zitronenpelargonien haben dreilappig rauhe Blättchen und malvenfarbige Blüten, Rosengeranien rauhe, grobe Blätter und rosa Blüten, Pfefferminzpelargonien weiche, hängende Triebe mit herzförmigen, grasgrünen Blättern und weißen Blüten. Ausdauernd.

Geschmack: Nach Rosen, Zitronen, Pfefferminze.
Verwendung: Für Gelees, Liköre, Süßspeisen, sparsam zu exotischen Salaten.
Kultur im Topf: Duftblattpelargonien sind noch nicht überall im Handel. Bekommt man Ableger, im mageren Erde-Sand-Gemisch anziehen, weiter wie Geranien düngen und gießen, am besten im Sommer auf dem Balkon, im Winter an einem sonnigen Fenster.
Ernte: Ständig frisch.

Eberraute

Zitronenkraut, Herrgottshölzl
Artemisia abrotanum

Aussehen: Dichter, bis 1 m hoher Busch mit vielen feingefiederten Blättchen an verholzten Stengeln. Oberste Triebe weich. Kleine, kugelige, gelbliche Blüten an der Triebspitze. Ausdauernd.
Geschmack: Nach Zitrone, etwas bitter.
Verwendung: Zu Soßen, Salaten, fetten Braten. Sparsam verwenden.
Kultur im Garten: Setzlinge an einen sehr sonnigen Platz. Aus Triebspitzen kann vermehrt werden. Im Winter abdecken, im Frühjahr nur wenig zurückstutzen.
Kultur im Topf: In einem großen Pflanzgefäß im Sommer an einen sonnigen Platz, im Winter kühl und hell.
Ernte: Triebspitzen frisch. Zum Trocknen während der Blüte.
Aufbewahrung: Getrocknete Blätter im Schraubglas, frische in Essig und Öl.

Engelwurz

Angelika, Brustwurz, Zahnwurz, Geistwurzel
Angelica archangelica

Aussehen: Wurzel ähnelt der des Meerrettichs, lang, dick und mit vielen Seitenwurzeln. Am hohlen, bis 2,50 m hohen Stengel große, gefiederte Blätter mit dicken Blattscheiden. Ab Juli halbkugelige, grünliche Blütendolden. Ausdauernd.
Geschmack: Moschusartig-würzig.

Verwendung: Blätter und Blattstiele zu Suppen, Soßen, Salaten. Wurzeln zu Likör.
Kultur im Garten: Aussaat im Herbst auf humosen, mit Kompost versorgten Boden. Pflanze braucht viel Platz im Halbschatten. Geht nach 4 Jahren am selben Platz ein.
Ernte: Frische Blätter den ganzen Sommer über, Wurzeln im Spätherbst.
Aufbewahrung: Getrocknete Blätter, Stiele und Wurzeln in verschlossenen Gläsern.

Estragon

Schlangenkraut, Dragon, Kaiserkraut, Eierkraut
Artemisia dracunculus

Aussehen: Bis zu 1 m hoher, verzweigter Stengel mit schmalen, länglichen, sattgrünen Blättern, ab Juni an den Spitzen grünliche Blüten. Ausdauernd.
Geschmack: Frischwürzig, bittersüß.
Verwendung: Zu Salaten, Fisch, Geflügel, Suppen.
Kultur im Garten: *Russischer Estragon* ist nicht so feinwürzig, wird ab April an einen geschützten, sonnigen Platz ausgesät. *Französischer Estragon* ist viel aromatischer, wird durch Wurzelausläufer vermehrt. Beide Arten brauchen viel Wasser, aber keine stauende Nässe! Nach 4 Jahren Pflanze durch eine neue ersetzen.
Kultur im Topf: Jungpflanzen 1 Jahr an einem sehr hellen, warmen Fenster.
Ernte: Die Blätter ständig.
Aufbewahrung: In Essig (Estragonessig).

Goldmelisse

Monarde, Etagenblume, Rote Melisse, Indianernessel, Frauenkraut
Monarda didyma

Aussehen: Kantige, feste Stengel mit spitzen, gezähnten Blättern. Ab Juni dekorative rote Blüten, die in Quirlen etagenartig am Stiel erscheinen. Ausdauernd.
Geschmack: Minzeartig.
Verwendung: Blättchen zu Obstsalaten, Gelees, frischen Fruchtsäften, Sommertee, Bowle.

Kultur im Garten: Setzlinge in gut kompostierten Boden an sonnigen oder halbschattigen Platz. Im 1. Jahr Blütenknospen entfernen, dann wird die Pflanze buschiger. Vermehrung durch Teilstücke der Wurzel.
Ernte: Ab Juni die frischen Blätter. Zum Trocknen kurz vor der Blüte.
Aufbewahrung: In Schraubgläsern.

Suppenlaub, Luststecken, Gichtstock
Levisticum officinale

Aussehen: Bis zu 1,50 m hoher, dichter Strauch mit festen, gefiederten, fast dreieckigen Blättern. Ab Juli kleine gelbgrüne Blütendolden. Im Frühling sind die ersten Triebe rot. Ausdauernd.
Geschmack: Kräftig-würzig, etwas nach Sellerie.
Verwendung: Nur wenig zu Suppen, Fleischgerichten, Eintöpfen, Salaten. Kann mitgekocht werden.
Kultur im Garten: Aussaat April oder August, besser Setzlinge auf gut mit Kompost versorgtem Boden. Pflanze bleibt jahrzehntelang, braucht aber viel Raum und Halbschatten.
Kultur im Topf: Nur einjährige Pflanzen, für ältere wird jeder Topf zu klein.
Ernte: Von Mai bis November die frischen Blätter.
Aufbewahrung: Getrocknet, eingesalzen.

Lorbeer

Suppenblatt
Laurus nobilis

Aussehen: Kräftiger Strauch mit lederigen, dunkelgrünen, länglichen Blättern. Im Mai bei älteren Pflanzen kleine weiße, duftende Blüten. Ausdauernd.
Geschmack: Würzig.
Verwendung: Zu Fleischgerichten, Eintöpfen, zum Einlegen von Gurken.
Kultur im Topf: Gedeiht bei uns nur als Kübelpflanze; wird oft als Kronenbäumchen oder Pyramide gezogen. Braucht ½ Gartenerde, ½ Kompost im ausreichend großen Kübel. Im Sommer im Freien täglich gießen; trocknet die Pflanze einmal durch, läßt sie alle Blätter fallen. Im Winter in einen hellen, kühlen Raum. Im Herbst Formschnitt.
Ernte: Ständig frische Blätter. Getrocknet (nach dem Rückschnitt im Herbst) sind sie aromatischer.
Aufbewahrung: Getrocknet in Tüten.

Melisse

Honigblatt
Melissa officinalis

Aussehen: Aus Bodenausläufern wachsen vierkantige, haarige, verzweigte Stengel mit gezähnten, hellgrünen Blättchen. Ab Juli weiße bis hellblaue Blütchen. Ausdauernd.
Geschmack: Frisch nach Zitrone, bitter-süßlich.
Verwendung: Zu Salaten, Tomaten, für Kräutersoßen, als Tee. Nicht mitkochen.
Kultur im Garten: Aussaat Mitte Mai an einen sonnigen Platz, besser Setzling im Mai pflanzen. Sehr anspruchslos, verbreitet sich im ganzen Garten. Im Herbst zurückschneiden.
Kultur im Topf: Jungpflanze 1 Jahr lang am sonnigen Fenster oder auf dem Balkon, dann in den Garten.
Ernte: Ab Mai ständig nur die jungen, kleinen Blätter. Zum Trocknen kurz vor oder während der Blüte schneiden.
Aufbewahrung: Getrocknet im Schraubglas.

Origano

Dost, Wilder Majoran, Berghopfen
Origanum vulgare

Aussehen: Bis 50 cm lange, verholzte, rötliche Stengel mit kleinen feinbehaarten, graugrünen Blättchen. Ab Juli an den Spitzen rosa Blütenbüschel. Ausdauernd.
Geschmack: Herb-würzig.
Verwendung: Für alle mediterranen Gerichte, Käse, Fleisch, Suppen, Wurst.
Kultur im Garten: Aussaat ab April an wärmsten Platz im Garten (je sonniger und wärmer, desto besser der Geschmack). Besser eine Jungpflanze setzen. Pflanze wuchert schnell. Absolut winterhart.
Kultur im Topf: In tiefen, breiten Töpfen auf dem Balkon, Winterschutz.
Ernte: Ab Juni ständig die frischen Blätter, zum Trocknen während der Blüte an einem sonnigen Tag.
Aufbewahrung: Als Kräuterstrauß, im Schraubglas, in Öl.

Pfefferminze

Katzenbalsam, Englische Minze, Grüne Minze
Mentha piperita

Aussehen: Bis zu 70 cm lange, rötliche, kantige Stengel mit dunkelgrünen bis rötlichen Blättchen. Ab Juli rosa Scheinährenblüten. Ausdauernd.
Geschmack: Kräftig frisch-aromatisch, kühlend.
Verwendung: Zu Tee, Sommergetränken, Likör.
Kultur im Garten: Jungpflanzen ab Mai an einen schattigen Platz mit feuchter Erde, die gut mit Kompost versorgt ist. Eingrenzung mit einem bodenlosen Eimer ist sinnvoll.
Kultur im Topf: Jungpflanze auf dem Balkon, im Winter ins Haus am Küchenfenster. Seltene Sorten wie Ananas-, Gewürz-, Orangenminze ausprobieren.
Ernte: Ab Juni die frischen Blätter, zum Trocknen kurz vor der Blüte.
Aufbewahrung: Im Schraubglas, in der Tüte.

Pimpinelle

Kleiner Wiesenknopf, Braunelle, Pimpernell
Sanguisorba minor

Aussehen: In einer breiten Rosette wachsen kleine gefiederte, gezähnte, grüne Blättchen sehr dicht. Ab Mai an langen Stielen rötliche runde Blüten. Ausdauernd.
Geschmack: Frisch, etwas nach Gurken.
Verwendung: An Salate, zu Eierspeisen, Soßen (grüne Soße). Nicht mitkochen.
Kultur im Garten: Aussaat ab März in Reihen, an einen sehr sonnigen Platz, später auf 20 cm Abstand verziehen. Blütenstände herausschneiden, so bilden sich mehr Blätter. Pflanze samt sich von selbst im ganzen Garten aus. Nach 2 Jahren sollte neu angesät werden.
Ernte: Ständig die frischen, hellgrünen Blättchen, die älteren schmecken nicht und sind hart.

Weihrauchkraut, Hochzeitsmaie
Rosmarinus officinalis
Aussehen: Bis 1 m hoher, stark verholzter Strauch mit schmalen blaugrünen, tannennadelartigen, unterseits weißen Blättern. Von März an blaue Lippenblüten. Ausdauernd. Starker Duft.
Geschmack: Herb-bitter, aromatisch.
Verwendung: Zu mediterranen Gerichten, Braten, Geflügel, Käse, Tomatengerichten. Wird mitgekocht.
Kultur im Garten: Setzlinge ab Mitte Mai an einen sonnigen Platz. Am besten in einem großen Topf, den man im Winter ins Haus nimmt. Rosmarin ist bei uns nicht winterhart. Gut mit Kompost versorgen; feucht halten.
Kultur im Topf: Ab März ins Freie an einen sonnigen Platz stellen.
Ernte: Ständig frische Triebe, nur so viel abnehmen, wie die Pflanze verträgt.

Salbei

Küchliblätter, Scharlachkraut
Salvia officinalis

Aussehen: Stark verholzter, etwas sparriger Strauch mit silbrig behaarten, eiförmigen Blättern; im Winter grüner. Ab Juni an langen Stielen blaue oder violette Blüten. Ausdauernd.
Geschmack: Streng-würzig, kampferartig.
Verwendung: Zu Fleisch, Schinken, Käse, fettem Fisch, mediterranen Eintöpfen.
Kultur im Garten: Jungpflanze ab Mai an einen sonnigen Platz mit lockerem trockenem Boden. Nicht düngen. Bei uns Winterschutz. Im Frühherbst etwas zurückschneiden.
Kultur im Topf: Maximal 2 Jahre, seltene Sorten versuchen, z. B. Muskateller-, Buntblättrigen Salbei.
Ernte: Junge Blättchen frisch. Zum Trocknen Triebspitzen schneiden.
Aufbewahrung: Getrocknet in Schraubgläsern, Tüten.

Gartenampfer, Säuerling
Rumex acetosa

Aussehen: Aus einer Blattrosette wachsen 30–80 cm lange rötliche Stiele mit pfeilförmigen, dunkelgrünrötlichen Blättern, ab Mai hellrote Blütenrispen. Ausdauernd.
Geschmack: Sehr säuerlich.
Verwendung: Blätter zur Suppe, zu Salaten, Spinat. Nur kurz mitkochen. Achtung: Roh nicht zuviel essen, hoher Oxalsäuregehalt!

Kultur im Garten: Gartenzüchtungen haben größere Blätter als die Wildform. Im Mai oder August in humosen Boden säen oder Setzlinge in eigenes Beet auspflanzen. Gedeiht auch im Schatten. Blüten immer ausbrechen, dann kann man mehr Blätter ernten.
Kultur im Topf: Jungpflanzen in tiefen Topf in Blumenerde am Nordfenster.
Ernte: Ständig frische junge Blätter, die alten schmecken bitter.

Schnittlauch

Pfannkuchenkraut, Schnittzwiebel, Graslauch
Allium schoenoprasum

Aussehen: Aus vielen winzigen Zwiebeln wachsen lange, dünne, grüne, röhrenförmige Lauchblätter. Ab Juli auf harten Stengeln rosa Scheindolden. Ausdauernd.
Geschmack: Scharf nach Zwiebeln.
Verwendung: Zu Salaten, Suppen, Quark, Omeletts, Kartoffeln. Nicht mitkochen.
Kultur im Garten: Aussaat ab April oder im August, in kalkhaltigen, humosen Boden, halbschattig. Im Herbst teilen.
Kultur im Topf: Zwiebelchen im Herbst ausgraben, trocknen lassen, im Februar in Blumenerde in einen Topf setzen; nicht zu trocken, aber auch nicht zu feucht werden lassen. Nicht an die Sonne. Nach mehrmaligem Schneiden in den Garten.
Ernte: Sommer über ständig.
Aufbewahrung: Tiefgefroren.

Thymian

Römischer Quendel, Wurstkraut
Thymus vulgaris

Aussehen: Stark verholzte, strauchige Stengel mit schmalen, graugrünen, winterharten Blättchen. Ab Mai rosa Blüten. Ausdauernd.
Geschmack: Stark würzig.
Verwendung: Zu Fleischgerichten, Eintöpfen, Kartoffeln, Wild. Nur wenig verwenden, mitkochen.
Kultur im Garten: Jungpflanzen an einen sehr sonnigen Platz, vorzugsweise im Steingarten. Braucht mageren, sandigen, ungedüngten Boden. Trocken halten. Im Frühherbst Triebe etwas zurückschneiden. In kalten Gegenden Winterschutz.
Kultur im Topf: Jungpflanze während des Sommers auf dem Balkon, im Winter am sonnigen Fenster.
Ernte: Ständig kleine Triebe frisch. Zum Trocknen im Herbst.
Aufbewahrung: In Schraubgläsern, in Essig oder Öl.

Wacholder

Krammetbeere, Kranawitterstrauch
Juniperus communis

Aussehen: Bis zu 3 m hoher, immergrüner Strauch mit sehr stachligen, blaugrünen Blättern (Nadeln). Die kleinen kugeligen Früchte sind im 1. Jahr grün, im 2. werden sie blau mit hellem Reif. Ausdauernd.
Verwendung: Nur die blauen Früchte zu Wild, Sauerkraut, Fisch und für Likör.

Kultur im Garten: Hübscher Zierstrauch. Braucht sandigen, kalkhaltigen Boden und sehr sonnigen Platz.
Kultur im Topf: Kleine Exemplare wie Kübelpflanzen in tiefe Töpfen (Pfahlwurzel).
Ernte: Die blauen Beeren ab Oktober (Handschuhe anziehen).
Aufbewahrung: Nach sorgfältigem Trocknen oder Dörren in Schraubgläsern.

Absinth, Wurmkraut, Mottenstock
Artemisia absinthium

Aussehen: Stark verholzte, reich verzweigte, bis 1,50 m hohe Stengel mit zarten, silbergrau behaarten, gefiederten Blättern. Ab Juni gelbliche Blüten an lockeren Rispen. Ausdauernd.

Geschmack: Streng herb-bitter.

Verwendung: Zu fettem Fleisch, Geflügel, Wild, Eintöpfen, Likör. Kraut wird mitgekocht, nur in kleinsten Mengen verwenden.

Kultur im Garten: Jungpflanzen in sandigem, magerem, kalkhaltigem Boden in die Sonne. In der Nähe von Wermut gedeihen andere Pflanzen nicht gut. Absolut winterhart.

Kultur im Topf: Jungpflanze ans offene Fenster, vertreibt Mücken und Fliegen.

Ernte: Ständig die frischen Blätter.

Aufbewahrung: Getrocknet in Schraubgläsern.

Ysop

Ipsenkraut, Eisenkraut, Maßkraut, Eisewig
Hyssopus officinalis

Aussehen: Vierkantige, holzige, bis 40 cm hohe Stengel mit schmalen, länglichen, dunkelgrünen Blättern, quirlig um den Stengel angeordnet. Ab Juli blaue, seltener weiße Blüten in den Blattachseln. Ausdauernd.
Geschmack: Würzig, etwas wie Minze.
Verwendung: An Salat, Bohnen, Suppen, Kalbsragout, Bowle. Nur in kleinen Mengen. Nur kurz erhitzen.
Kultur im Garten: Jungpflanzen auf lockerem, kalkhaltigem Boden an einem sonnigen, warmen Platz, gut für den Ziergarten geeignet. Im Winter Frostschutz.
Ernte: Ständig junge Triebe und Blätter. Zum Trocknen während der Blüte.
Aufbewahrung: Sofort nach dem Trocknen in gut verschlossenem Glas, sonst Risiko des Geschmacksverlusts.

Eine kleine Kräuter-Geschichte

Die Verwendung von Kräutern und Gewürzen ist so alt wie die Menschheit. Kräuter erhöhten zu allen Zeiten den Genuß am Essen und Trinken, sie retteten aber auch Gesundheit und Leben. Je hochentwickelter eine Kultur war, desto raffinierter wurde gewürzt, um so wichtiger waren Würzkräuter auch als Handelswaren. Da mußten Gewürze aus dem Orient und aus China herangeschafft werden, koste es, was es wolle. Und es kostete – Gewürze waren zu manchen Zeiten teurer als Gold und Edelsteine. Das einfache Volk aber war auf die heimischen Kräuter angewiesen, die nichts oder wenig kosteten. Einen Arzt konnte sich der kleine Mann nicht leisten, Kräuter aber halfen bei vielen Gebrechen. Zudem machten sie die magere Kost schmackhafter.

Die Geschichte der Würzkräuter ist faszinierend und reicht weit zurück in die Vergangenheit. Archäologen fanden heraus, daß schon in der Steinzeit mit Kräutern gewürzt wurde. Noch bevor unsere Vorfahren das Feuer entdeckten, erfanden sie das Würzen. Auf 6000 Jahre alten Tontäfelchen der Sumerer sind Lorbeer, Thymian und Kümmel beschrieben. 4000 Jahre alte Wandmalereien auf Kreta zeigen Koriander, Sellerie und Minze, und eine 3500 Jahre alte Papyrusrolle aus einem ägyptischen Grab enthält bereits 800 Rezepte mit Kräutern und Gewürzen.

Vor allem im Mittelmeerraum spielten Würzkräuter zu allen Zeiten eine wichtige Rolle. Über eine 3000 Kilometer lange Gewürzstraße schaffte man wertvolle Kräuter aus dem Orient herbei. Ägypten wurde durch den Handel mit kostbaren Spezereien außerordentlich wohlhabend. Die Königin von Saba brachte, als sie König Salomo besuchte, als Geschenke nicht etwa Gold und Edelsteine, sondern Gewürze mit. Die alten Römer verwendeten sie so üppig in der Küche, daß Heilkundige und Gelehrte vor dem übermäßigen Gebrauch warnten. Die schönen Römerinnen parfümierten sich mit Majoran und Minze, selbst die Legionäre dufteten nach Kräutern.

Im Norden, jenseits der Alpen, spielten Kräuter zunächst in erster Linie als Arznei eine Rolle. Priester und Kräuterfrauen wußten kundig damit umzugehen; so mancher Kräuterkundige wurde allerdings während der Inquisition als Hexe oder Zauberer verbrannt. Als Karl der Große zuerst seinen Pächtern, später dann dem ganzen Landvolk in seiner Ver-

ordnung »Capitulare de villis« vorschrieb, was sie in ihren Gärten anzupflanzen hatten, wurden Heil- und Gewürzkräuter auch in den Gartenbau einbezogen. Von Amarant bis Waldminze umfaßt die Liste des Kaisers immerhin 89 Kräuter. Reisende Mönche brachten fremde Gewürzkräuter aus dem römischen Reich in den Norden. Nun wurden Rosmarin und Koriander auch in Bauerngärten angepflanzt.
Noch einmal kamen im 18. und 19. Jahrhundert Küchenkräuter groß in Mode. Je raffinierter in ihrer Küche gewürzt wurde, desto höher war das Ansehen einer großbürgerlichen Hausfrau, und ein Küchengarten voller Kräuter war ein absolutes Muß. Zu Beginn des 20. Jahrhunderts war es damit dann zu Ende. Altübernommenes paßte nicht mehr in das heraufziehende Industrie-Zeitalter. Segensreiche Erfindungen der Medizin machten – scheinbar – die Heilkräuter überflüssig. Und somit verzichtete man auch auf die aromatischen Würzkräuter in der Küche. Bis man vor einigen Jahren den köstlichen Schatz der Kräuter wiederentdeckte und erneut lernen mußte, mit ihnen umzugehen.

Kräuter im Garten

Samen und Setzlinge

Wenn Sie Küchenkräuter im eigenen Garten ziehen wollen, gibt es zwei Möglichkeiten: Sie säen selbst oder kaufen Jungpflanzen. *Ein- und zweijährige* Kräuter kann man direkt in den Garten säen. Kälteempfindliche Kräuter, wie Basilikum und Majoran, und sehr langsam keimende Kräuter, wie Petersilie, kauft man besser als Setzlinge beim Gärtner oder zieht sie auf der Fensterbank oder im Kleingewächshaus vor. Kräutersamen gibt es in großer Auswahl in Gartenfachgeschäften und im Gartenversandhandel, man kann aber auch Samen selbst ernten und sie während des Winters trocken aufbewahren. Viele Kräuter sind *Lichtkeimer*, sie brauchen zum Keimen Licht. Bei der Aussaat werden sie nur auf die Erde gestreut und ganz dünn mit Sand bedeckt. Man kann sie auch unbedeckt liegenlassen, wenn es möglich ist, die Vögel abzuhalten. *Dunkelkeimer* dagegen wollen mindestens viermal so tief in die Erde gelegt werden, wie sie selbst dick sind.

Ausdauernde Kräuter werden besser als Setzlinge ausgepflanzt. Wenn man sie beim Gärtner kauft, sitzen sie meist in kleinen Plastiktöpfen und sind gut durchwurzelt. Diese Containerpflanzen kann man zu jeder Jahreszeit setzen – der beste Zeitpunkt ist natürlich im Frühjahr nach den letzten Spätfrösten.

Die eigene Anzucht

Spaß macht es, eine Anzahl von Küchenkräutern auf der Fensterbank vorzuziehen. Man hat dann schon früh im Jahr kräftige Setzlinge für den Garten und kann auch früh von kälteempfindlichen Kräutern ernten. Basilikum, zum Beispiel, keimt erst gar nicht bei Temperaturen unter 15 °C. Ein kleines Zimmergewächshaus, ein flaches Holzkistchen oder einige Blumentöpfe reichen für die Anzucht auf der Fensterbank aus. Die Wasserabzugslöcher der Töpfe werden mit einem Scherben bedeckt, das Kistchen mit Plastikfolie ausgeschlagen, in das Gewächshaus eine dünne Schicht Sand als Drainage eingefüllt. Darauf kommt spezielle Anzuchterde oder Blumenerde, die man mit derselben Menge sauberen Sand vermischt. Streuen Sie die Samen dünn auf das Substrat. Bedecken Sie Dunkelkeimer mit Sand oder Erde, Lichtkeimer nur mit einem Blatt Papier oder einer dünnen Sandschicht. Nach der Saat gießt man sehr vorsichtig an, am besten mit einer Sprühflasche. Beim Zimmergewächshaus wird nun der durchsichtige Deckel geschlossen. Das Kistchen kann mit einer Glasscheibe oder einer durchsichtigen Folie bedeckt werden, auf die Blumentöpfe legt man eine Glasscheibe oder zieht eine Plastikhaube mit Gummizug darüber. So entsteht ein Treibhausklima, in dem die Samen sicher keimen.
Sobald sich die ersten Keimblätter zeigen, müssen Sie zweimal am Tag Glasscheibe oder Plastikhülle etwa 10 Minuten lang entfernen, damit Luft an die Pflanzen kommt. Wenn die Sämlinge 2 cm groß sind, nimmt man sie vorsichtig aus dem Anzuchtgefäß und setzt sie zu zweien oder dreien in neue Töpfe ein. Nun brauchen sie auch keine Bedeckung mehr. Sie wachsen an einem Ost- oder Westfenster zu kräftigen Jungpflanzen heran, die man nach den letzten Spätfrösten im Mai ins Freie setzen oder im Kasten oder Topf auf dem Balkon und der Fensterbank weiterkultivieren kann.

Säen und pflanzen im Freiland

Sät man direkt ins Freie, muß zuerst der Boden richtig vorbereitet werden. Das Kräuterbeet wird gründlich von Unkraut befreit, die kräftigen Wildkräuter überwuchern sonst die zarten Keimlinge. Dann hacken Sie das Beet durch – nicht umgraben! –, entfernen grobe Erdklumpen und rechen die Erde glatt.
Säen Sie die einjährigen Kräuter in Reihen, Sie können dann besser zwischen den aufkeimenden Kräutern und dem Unkraut unterscheiden. In die Rillen gibt man wenig reifen Kompost, danach die Samen. Je nachdem, ob es sich um Samen von Licht- oder von Dunkelkeimern handelt, werden sie nur mit etwas Sand (auch Kleie gegen die Schnecken) oder mit Erde bedeckt und sanft angegossen. Bis die Keimlinge kräftig geworden sind, darf das Beet nun nicht mehr austrocknen. Vergessen Sie nicht das Namensschild am Ende der Reihen! Je später im Frühjahr Sie die Kräuter aussäen, desto eher werden Sie Erfolg haben. Kräutersamen mögen in aller Regel keinen kalten, nassen Boden. Zweijährige Kräuter sät man im frühen Herbst nochmals aus.
Setzlinge werden nach den Eisheiligen ins Freiland gepflanzt. In das Pflanzloch des vorbereiteten Bodens gibt man eine Handvoll Kompost, mehr nicht. Nur Liebstöckel und Schnittlauch müssen Zusatzdünger bekommen. Die Setzlinge werden gut festgedrückt und angegossen. In den ersten Tagen muß man öfter gießen, bis die Pflanzen gut angewachsen sind. Danach hält man sie eher trocken.

Das Kräuterbeet

Fast alle Küchenkräuter fühlen sich in einem sehr sonnigen Kräuterbeet am wohlsten. Mit einigen Ausnahmen: Dill wächst am liebsten zwischen den Gurken, wo er einen kühlen Fuß sowie an Blättern und Dolden viel Sonne hat. Bohnenkraut gehört ins Bohnenbeet, dort hält es die Läuse von den Bohnen fern. Borretsch ist zu groß fürs Kräuterbeet, er füllt schnell abgeerntete Lücken auf den Gemüsebeeten. Kapuzinerkresse sät man an die Ränder der Gemüsebeete oder in den Ziergarten. Wermut braucht einen separaten Platz, weil in seiner Nähe andere Pflanzen kümmern. Kresse wird auf ein eigenes Beet oder zwischen Salat und Kartoffeln gesät. Alle anderen Kräuter gehören

ins Kräuterbeet, das in der vollen Sonne liegen muß. Setzen Sie die Kräuter nicht zu eng, sie wachsen üppiger, als Sie denken, und sollten sich nicht gegenseitig Licht und Nahrung wegnehmen. Trennen Sie ein- und mehrjährige Kräuter, das erleichtert die Arbeit im Kräuterbeet. Große Pflanzen, die hoch wachsen, kommen an die Nordseite des Beets, kleine nach Süden. So nehmen die Großen den Kleinen die begehrte Sonne nicht weg. In einer Kräuterspirale hat jede Pflanze einen sonnigen Platz.

Die Bodenansprüche der Kräuter

Kräuter haben, mit wenigen Ausnahmen, am liebsten lokkeren, sandigen und trockenen Boden. Wo im Garten die Erde fett und schwer ist, muß man sie mit reichlich Sand lockern. In Gärten mit Staunässe brauchen die Kräuter sogar eine Drainage aus Kies oder Ziegelscherben. Bauen Sie für Ihre Kräutersammlung ein Hochbeet, wenn Ihr Gartenboden zu naß ist. Im Kräuterbeet zu düngen, ist überflüssig, ja schädlich. Zu üppige Düngung läßt die Pflanzen zwar mächtig ins Kraut schießen, die Aromastoffe aber gehen verloren. Je magerer der Boden im Kräuterbeet ist, desto besser. Bei sandigem Boden gibt man etwas Steinmehl in Saatrillen und Pflanzlöcher, ansonsten bekommt das Beet im Frühjahr nur eine große Schaufel gut verrotteten Kompost pro Quadratmeter. Er wird dünn auf der Oberfläche des Beetes verteilt und eingeharkt.

Die Pflege der Kräuter

Viel Arbeit macht das Kräuterbeet nicht. Das Unkraut darf nicht überhandnehmen, sonst fehlt es den Kräutern an Sonne, aber auch Nahrung. Wer zwischen die mehrjährigen Kräuter im Frühjahr keinen Kompost geben will, düngt einmal beim Austrieb mit Brennesselbrühe (Brennesseln mit Wasser eine Woche lang gären lassen, absieben und 1 : 10 mit Wasser verdünnt an die Wurzeln gießen).
Gießen muß man das Kräuterbeet nur während längerer Trockenperioden. Schädlinge und Krankheiten kommen nicht oft vor; wenn doch, sollten Sie sie nur mit natürlichen Mitteln bekämpfen, Pestizide haben im Kräuterbeet nichts zu suchen.
Damit die Petersilie nicht von Nematoden befallen wird, darf man sie niemals zweimal nacheinander an dieselbe

Stelle säen oder pflanzen. Will der Dill nicht gedeihen, versucht man es an einem anderen Standort. Pfefferminzrost entsteht, wenn die Pflanzen zu eng stehen, bei Befall werden die Triebe radikal zurückgeschnitten. Schnecken fressen gerne die aufgehende Kräutersaat. Bestreuen Sie die Saatrillen dünn mit Weizen- oder Gerstenkleie.
Im Herbst werden mehrjährige Kräuter stark zurückgeschnitten. Ausnahmen: Thymian, Rosmarin, Lorbeer und Salbei bekommen nur einen Formschnitt, damit sie im nächsten Frühjahr reich verzweigen und buschig werden. Von diesen Kräutern kann man ja auch den ganzen Winter über weiterernten. In Gegenden mit rauhem Klima brauchen die meisten ausdauernden Kräuter einen Winterschutz. Man bedeckt sie mit Tannenreisig oder einer Schicht Stroh.

Kräuter-Ernte im Garten

Von allen Küchenkräutern können Sie vom Frühjahr bis zum Herbst frische Blättchen und Triebe ernten. Natürlich werden Sie, wenn die Kräuter frisch zur Verfügung stehen, immer nur so viel ernten, wie Sie gerade in der Küche brauchen. Selbst wenn man frisch geschnittene Kräuter in ein Glas Wasser stellt, verlieren sie schnell an Aroma.
Will man die würzigen Blätter der Kräuter für den Winter konservieren, werden sie geerntet, wenn sie das kräftigste Aroma haben und gründliches Schneiden der Pflanze nicht mehr schadet. Diese Erntezeiten sind bei den für den Kompaß ausgewählten Pflanzen in den Steckbriefen angegeben. Bei den meisten ist es der Hochsommer, kurz vor oder während der Blüte. Ernten Sie die Kräuter für die Konservierung an einem sonnigen Tag um die Mittagszeit. Werden die Blätter und Triebe geerntet, wenn sie noch feucht sind, kann sich auch bei sorgsamster Behandlung Schimmel bilden. Außerdem ist das Aroma kräftiger, wenn Sie bei trockenem, warmem Wetter ernten.
Bei den meisten ausdauernden Kräutern schneidet man die ganzen Triebe knapp über dem Boden ab. Ausnahmen: Rosmarin, Lorbeer, Thymian und Salbei. Bei diesen Kräutern darf man nur etwa ⅓ der Triebe abschneiden, sie verzweigen sich nämlich nicht aus den Wurzeln, sondern aus den Trieben neu. Wollen Sie Samen ernten, zum Beispiel Koriander, Dill, Kümmel oder Senf, müssen Sie die

Pflanzen beobachten. Kurz vor der Reife – die Samen sind dann schon braun, fallen aber noch nicht von alleine ab – werden die Dolden mit dem Stengel abgeschnitten. Binden Sie sie zu lockeren Sträußen und hängen Sie diese über einem sauberen Tuch auf. Sie reifen während der Trocknung nach, die Samen fallen nach und nach auf das Tuch. Ganz zum Schluß klopft man die Sträuße auf der Unterlage aus, damit auch die letzten Samen herausfallen. Danach legt man die Samen in eine flache Schachtel, schüttelt sie etwas und pustet dann trockene Blättchen und andere Pflanzenteile einfach weg.
Wenn Sie Wurzeln ernten, sollten Sie möglichst lange warten. Auch im Oktober wachsen die Wurzeln noch einmal kräftig. Ende Oktober gräbt man mit einer Grabegabel die Wurzeln sorgsam aus. In sandigen Böden ist das kein Problem. In schweren Böden nimmt man die Wurzeln nach einem Regentag aus dem Boden. Es macht zwar etwas Mühe, die Wurzeln von der anhaftenden Erde zu säubern, aber sie brechen nicht so leicht ab wie in festgebackenem, trockenem Boden.

Kräuter im Kasten und Topf

Auch wer keinen Garten hat, muß nicht auf selbstgezogene Kräuter verzichten. Sie können viele Küchenkräuter gut auf dem Balkon in Blumenkästen, kleinen Holzkisten und in Töpfen halten. Den Sommer verbringen die Pflanzen im Freien, im Winter nimmt man die mehrjährigen ins Haus und kann in kleinen Mengen weiterernten. Ein- und zweijährige Kräuter sät man in Kästen und Töpfen wie im Garten aus. Sie keimen gut und sind sie abgeerntet, sät man wieder neu. Von mehrjährigen Kräutern kann man in Töpfen und Kästen nur Jungpflanzen halten. Nach ein bis zwei Jahren werden sie zu groß für den beschränkten Wurzelraum. Lorbeer, Rosmarin und Wacholder können jahrelang im Topf bleiben.

Standorte für Balkon- und Zimmerkräuter

Die Küchenkräuter auf dem Balkon und im Zimmer brauchen, wie im Garten, den wärmsten Platz, den sie kriegen können. Auf dem Balkon sollten Sie die Kräuterkästen nicht wie Petunien und Geranien an die Brüstung hängen, sondern an einen geschützten, sonnigen Platz an die Hauswand stellen. Im Zimmer ist das Küchenfenster nur dann ideal, wenn es nach Westen oder Osten zeigt, also ausreichend Licht und Wärme hat. Nordfenster sind für Kräuter ungeeignet, am Südfenster lassen sich nur besonders sonnenhungrige Kräuter halten; Kräuter mit dünnen Blättern würden hier verbrennen. Ein unbedingtes Muß: Kräuter, die im Zimmer stehen, im Sommer ins Freie stellen. Wer keinen Balkon hat, stellt sie einfach auf die äußere Fensterbank. Nur so können die Pflanzen ihr feines Aroma entwickeln.

Welcher Kasten oder Topf?

Blumenkästen sind gut geeignet, um alle möglichen Küchenkräuter auf dem Balkon zu ziehen. Einjährige Kräuter, die man öfter schneidet (zum Beispiel Kresse, Senf, Basilikum) sät man besser in flache Holzkisten. Für mehrjährige Kräuter sind große Tontöpfe geeigneter. Die Kapuzinerkresse kann sogar als blühender Balkonschmuck dienen. Auf der Fensterbank im Zimmer sind Blumentöpfe aus Plastik praktisch, weil das Substrat darin nicht so schnell austrocknet. Hübscher sehen allerdings Tontöpfe aus. Ein Vorschlag: Setzen Sie mehrere Plastiktöpfe mit verschiedenen Kräutern in ein schönes flaches Gefäß aus Keramik, das Sie innen mit Torf ausgefüttert haben.

Substrat und Dünger

Bevor Sie Küchenkräuter in Töpfe und Kästen pflanzen oder säen, sollten Sie unten im Pflanzgefäß immer, auch beim kleinsten Töpfchen, eine Drainageschicht aus Sand einfüllen. Sie verhindert gefährliche Staunässe. Weil fast alle Kräuter in magerem Boden am besten gedeihen, ist vorgedüngte, käufliche Blumenerde nicht unbedingt das richtige Substrat für sie. Wenn es irgend möglich ist, sollten Sie das Substrat für die Küchenkräuter selbst mischen. Das Rezept hierfür: ⅓ reifer Kompost, ⅓ Sand und ⅓ Torf. Alternativ dazu kann man sich mit TKS 1 (ein schwach gedüngtes Fertigsubstrat), gemischt mit ⅓ Sand behelfen. Unter das Substrat mengt man etwas Hornspäne, etwa 1 Teelöffel in einen normalen Blumentopf, eine schwache Handvoll in einen Blumenkasten. Hornspäne geben die

Nahrungsstoffe über Monate sehr langsam an die Pflanzen ab, und man muß den ganzen Sommer über nicht mehr nachdüngen. Im Winter, wenn die Kräuter im Zimmer stehen, bekommen sie alle 4 Wochen eine schwache Düngegabe, am besten Guano-Flüssigdünger. Auf dem Balkon und im Zimmer muß mehr gegossen werden als im Garten, weil das Substrat schneller austrocknet. Niemals aber darf die Erde im Kasten oder Topf triefend naß sein.

Ernten aus Kasten und Topf
Die Ernte in Töpfen und Kästen fällt nicht so üppig aus, wie im Garten. Man muß sich damit abfinden, daß man immer nur das wegnehmen kann, was für den täglichen Gebrauch frisch verwendet wird. Die einjährigen Kräuter haben nicht viel Platz, sich auszudehnen, und die ausdauernden werden nicht alt genug, um richtig groß zu werden. Bei ihnen schneidet man ohnehin immer nur wenig ab, möglichst von den Triebspitzen. Das bewirkt schließlich, daß sie schön buschig werden. Nur wer sehr große Pflanzgefäße verwendet, kann von Balkon- und Zimmerpflanzen auch zum Trocknen ernten.

So wird die Ernte aufbewahrt

Viele Küchenkräuter können Sie trocknen. Es gibt aber auch noch andere bewährte Konservierungsarten, wie Einfrieren, Einsalzen und das Einlegen in Essig oder Öl.

Trocknen
Haben Sie einen luftigen, trockenen Platz, der sonnengeschützt ist, können Sie hier Ihre Küchenkräuter trocknen. Das kann ein geschützter Platz auf dem Balkon, der Dachboden oder ein wenig benutztes Zimmer im Haus sein. Auf keinen Fall dürfen Kräuter in der Sonne getrocknet werden, das Aroma wird dabei zerstört. Bei hoher Luftfeuchtigkeit wird das Trocknen problematisch, weil diese den Trocknungsprozeß verzögert. Das bedeutet Aromaverlust und Schimmelgefahr.
Die geernteten Kräuter werden in Sträuße gebunden, mit einem Gummiband halten die Stengel auch nach dem Trocknen noch sicher zusammen. Man hängt die Kräuter-

sträuße kopfunter auf. Sind sie rascheltrocken, nimmt man sie ab, pflückt die Blätter von den Stielen oder schneidet die ganzen Triebe in kleine Stücke. Die getrockneten Kräuter werden in Teedosen oder in Schraubgläsern aufbewahrt.

Dörren

Kräuter kann man auch gut in einem Dörrapparat oder im Backofen dörren. Das ist vor allem dann anzuraten, wenn man keinen guten Trockenplatz hat oder die Kräuter vor dem Trocknen waschen muß. Das ist in Gegenden mit hoher Luftverschmutzung oft unumgänglich. Nach dem Waschen werden die Kräuter mit Küchenkrepp trockengetupft. Danach legt man sie locker und nicht zu dicht auf ein mit Aluminiumfolie oder Backpapier belegtes Backblech. Die Kräuter werden bei 50 Grad im Backofen gedörrt. Dabei muß die Herdtüre einen Spalt aufstehen. Am besten klemmen Sie einen Kochlöffelstiel zwischen Herd und Türe. Nach dem Dörren läßt man die Kräuter abkühlen, zupft sie auseinander und verwahrt sie in Gläsern oder Dosen. Im Dörrapparat ist das Trocknen noch einfacher. Temperatur und Dauer sind angegeben, es empfiehlt sich, immer noch etwas Zeit zuzugeben.

Samen und Wurzeln dörren

Auch die geernteten Samen sollten Sie, wenn sie aus den Dolden gefallen sind, kurz im Backofen nachtrocknen. Dann werden sie mit Sicherheit nicht verderben. ½ Stunde bei 50 Grad genügt, um Samen haltbar zu machen. Wurzeln werden nach dem Ernten sauber gewaschen und abgetrocknet. Sehr dicke Wurzeln schneidet man in fingerdicke Stücke, kleinere werden ganz getrocknet. Man fädelt sie mit Hilfe einer dicken Nadel auf eine Schnur, die man am selben Platz wie die Kräutersträuße aufhängt. Man kann auch die Wurzeln im Backofen oder Dörrapparat trocknen. Sie dürfen nicht hart werden, müssen aber ganz trocken sein. Prüfen Sie also während des Trocknungsvorganges immer wieder nach.

Einfrieren

Eine ganze Anzahl von Kräutern können Sie auch einfrieren. Eine bewährte Methode: Schneiden Sie frisch geerntete Kräuter so klein es nur geht. Geben Sie sie mit ganz wenig Wasser in eine Eiswürfelschale und frieren diese ein. Die gefrorenen Kräuterwürfel kommen in beschrifteten Beuteln in die Tiefkühltruhe. So können Sie ganz nach Bedarf immer nur eine kleine Menge Kräuter entnehmen. Eine andere Methode: Man friert die Kräuter unzerschnitten mit Stengeln, Blättern und Blüten in Beuteln schnell ein. Dann zerdrückt man mit der Hand die gefrorenen Kräuter im Beutel und bewahrt sie in Tiefkühldosen auf. Man erspart sich auf diese Weise das mühsame Kleinschneiden. Geübte Hausfrauen frieren aber auch fix und fertige Kräutermischungen ein: zum Beispiel die Kräuter für die Frankfurter Grüne Sauce, die Suppenwürze, die provençalische Mischung, die italienische Salatkräutermischung usw. Es ist auch ohne weiteres möglich, die frischen Kräuter zusammen mit dem Gemüse, zu dem sie verwendet werden sollen, einzufrieren.

Einlegen in Essig und Öl

In Essig und in Öl konserviert man nicht die Kräuter, sondern nur ihr Aroma. Mit diesen Essenzen lassen sich nach Belieben viele Gerichte aromatisieren, nicht nur Salat. Für die Konservierung in Essig oder in Öl werden die Kräuter zu dem Zeitpunkt gepflückt, wenn sie das beste Aroma haben – in der Mittagsstunde an einem warmen Tag. Bei einigen Kräutern verstärkt die Blüte das Aroma. Stengel, Blätter und Blüten werden gründlich gewaschen und abgetrocknet, die Kräuter in Flaschen oder Gläser locker eingefüllt. In Flaschen kann man ganze Stengel stellen, das sieht dekorativ aus, in Gläser gibt man die Kräuter nur grob zerschnitten. Dann füllt man mit Essig oder Öl so hoch auf, daß aus der Flüssigkeit keine Kräuter mehr herausschauen. Der Essig zum Konservieren sollte nicht zu jung sein, sonst bildet sich zwischen den Kräuterblättern Essigmutter. Hier eignet sich ein guter Weinessig oder zwei Jahre alter Apfelessig. Konserviert man Kräuter in Öl, verwendet man am besten gutes Olivenöl, weil dieses nicht ranzig wird. Die Flaschen und Gläser mit dem Kräuteressig und Kräuteröl stellt man 2–4 Wochen an einen warmen Platz, die Kräuteressigflaschen dürfen Sie sogar an die Sonne stellen! Danach hat die Flüssigkeit das Aroma voll aufgenommen und wird an einem dunklen Platz aufbewahrt. Die Kräuter können in der Flüssigkeit bleiben, das sieht zudem dekorativ aus.

Einsalzen
Kräuter, die man als Würze für Saucen, Suppen und Eintöpfe verwendet, können Sie auch in Salz konservieren. Man wäscht die Blätter der Gewürzpflanzen gründlich ab, schneidet sie nicht allzu klein und schichtet sie Lage für Lage mit Salz in ein Glas oder einen verschließbaren Steinguttopf. Das Verhältnis sollte immer 5 Teile Kräuter und 1 Teil Salz sein. Die Kräutermischung mit dem Stiel eines Kochlöffels gut verdichten. Die eingesalzenen Kräuter halten sich an einem kühlen Platz ein Jahr lang.

Kräuter in der Küche

Das Geheimnis des richtigen Würzens ist einfach: Die Kräuter sollen den Geschmack des Gerichtes unterstreichen, ihn nicht überdecken. Gibt man mehrere Würzkräuter an ein Gericht, muß man sie fein abstimmen, damit sie sich nicht gegenseitig erschlagen. Immer nur ein Gewürz ist vorschmeckend, die anderen dürfen es nur abrunden. Verwendet man sehr kräftige Gewürze, etwa Liebstöckel oder Knoblauch, müssen sie sehr sparsam verwendet werden – es sei denn, man möchte ein besonderes Knoblauch- oder Liebstöckel-Aroma erzielen.
Frische Kräuter werden kleingeschnitten oder in Kräutersträußchen zu den Gerichten gegeben, getrocknete Kräuter zerrieben oder in kleinen Mullsäckchen in den jeweiligen Gerichten mitgekocht.

Salate
Man gibt frische, kleingeschnittene oder zerzupfte Kräuter an die Marinade und läßt sie 10–30 Minuten darin ziehen. Erst dann wird der Salat dazugegeben. Garnieren Sie grüne Salate mit Kräuterblüten.

Saucen
In gekochten Saucen zu Fisch, Fleisch und Gemüsen läßt man die Kräuter mitkochen. In kalte Saucen werden die Kräuter erst zum Schluß gegeben. Sie müssen dann ein bis

zwei Stunden durchziehen. Im Mörser zerstoßen, geben sie ihr Aroma besonders intensiv ab.

Suppen
In klaren Suppen von Fleisch, Fisch und Geflügel kocht ein Kräuterstrauß mit. Kräutersuppen werden auf einer Grundlage von Butter, etwas Mehl und Fleischbrühe zubereitet, die Kräuter kommen erst zum Schluß – kleingeschnitten oder im Mörser zerstoßen – dazu.

Gemüse
Diese sollen durch Kräuter nur verfeinert, nicht übertönt werden. Jedes Gemüse hat sein spezielles Kraut. Es lohnt sich aber, auch neue Gemüse-Kräuter-Kombinationen auszuprobieren.

Fleischgerichte
Sie werden durch kräftige Würzkräuter bekömmlicher und erhalten durch Gewürze und Kräuter auch einen ganz typischen Geschmack. Kräuter werden für Fleischgerichte in der Beize verwendet, in das Fleisch eingerieben, als Füllung oder Kräutermantel dazugegeben oder erst zum Schluß an die Sauce gegeben.

Süßspeisen
Mit Kräutern aromatisiert, sind diese durch die Mischung zwischen süß und scharf, mild und kräftig besonders pikant. Fingerspitzengefühl beim Würzen ist hier ganz besonders wichtig.

Tees
Nicht nur bei verschiedenen Beschwerden werden bestimmte Kräutertees getrunken. Sommertees aus frischen Kräutern, gut gekühlt, sind die besten und gesündsten Durstlöscher.

Liköre
Aus Kräutermischungen, aber auch einzelnen Würzkräutern, lassen sich gut Liköre herstellen. Sie sollten nicht zu stark gezuckert sein.

Gewürzweine
Als Aperitif serviert man gute, nicht zu herbe Weiß- oder Rotweine, die mit einer Handvoll verschiedener Kräuter aromatisiert werden.

Pesto

3–5 große Knoblauchzehen, 10 Stengel Basilikum, 200 g Schafskäse, 50 g geriebener Parmesankäse, 1 Eßl. Pinienkerne (ersatzweise Sonnenblumenkerne oder grob gemahlene Haselnüsse), ⅛ l Öl.
Schafskäse klein schneiden, Parmesankäse zugeben. Öl tropfenweise unterrühren, bis eine dicke Paste entsteht. Zerdrückte Knoblauchzehen und kleingeschnittenes Basilikum unterrühren. Kerne hellbraun rösten, warm unter die Masse rühren. Pesto zu Spaghetti servieren.

Aioli

5 Knoblauchzehen, 2 Eigelb, ¼ l Olivenöl, ½ Scheibe Weißbrot, 1 Teel. Essig, heißes Wasser, Salz.
Knoblauchzehen im Mörser oder mit der Knoblauchpresse zerdrücken, etwas Salz dazugeben. In eine Schüssel Eigelb, Essig und den Knoblauch geben, das Öl tropfenweise dazurühren, wie bei einer Mayonnaise. Nachdem die Hälfte des Öls dazugegeben ist, das in heißem Wasser eingeweichte Weißbrot einkrümeln. Das restliche Öl dazurühren. Aioli schmeckt zu kurzgebratenem Fleisch, Fisch und Fleischfondue.

Kerbelsuppe

150 g frischer Kerbel, 1 l Fleisch- oder Instantbrühe, 2 Eßl. Butter, 2 Eßl. Mehl, 2 Eigelb, 1 Becher Sahne, Muskat, Salz, Zitronensaft.
Mehl in der Butter andünsten, mit Fleischbrühe auffüllen, glattrühren und aufkochen. Suppe vom Feuer nehmen, Sahne und Eigelb verschlagen und in die Brühe rühren. Mit Salz, Muskat und Zitronensaft würzen. Kleingeschnittenen Kerbel unterrühren, einige Minuten ziehen lassen. Mit Croutons (gerösteten Weißbrotwürfeln) servieren.

Frankfurter Grüne Sauce

Etwa 150 g grüne Kräuter: Petersilie, Schnittlauch, Pimpinelle, Dill, Borretsch, Kerbel, Zitronenmelisse (nach Geschmack auch andere), 1 Zwiebel, 1 Knoblauchzehe, 4 hartgekochte Eier, ⅛ l Öl, 1 Becher saure Sahne, Senf, Salz, Pfeffer.
Eigelb mit dem Öl cremig rühren. Saure Sahne dazurühren, Zwiebel und Knoblauch kleinschneiden, an die Masse

geben. Mit Senf, Salz und Pfeffer abschmecken. Die feingehackten Kräuter unterrühren und die Sauce ½ Stunde im Kühlschrank ziehen lassen. Zu gekochtem Fleisch, Fisch oder Pellkartoffeln servieren.

Omelett aux fines herbes
100 g Schnittlauch, Petersilie, Kerbel, Estragon, Basilikum, 5 Eier, etwas Milch oder Sahne, Butter.
Eier und Milch mit dem Schneebesen zu einer Omelettmasse schlagen. Butter erhitzen, den Teig in die Pfanne gleiten lassen. Bevor der Teig stockt, mit den Kräutern bestreuen, umwenden und nur noch kurz backen. Nach demselben Rezept kann man auch Kräuterpfannkuchen backen.

Kräutersenf
50 g Senfkörner, nach Geschmack Kerbel, Estragon und Petersilie oder Rosmarin, Thymian und Lorbeer, 1 Teel.Salz, 1 Eßl. Zucker, 30 g Essig, 40 g Wasser.
Senfkörner in einer elektrischen Kaffeemühle sehr fein mahlen, zum Schluß die Kräuter mitmahlen. Senfmehl mit den Kräutern in eine Schüssel geben, Essig, Wasser, Zukker und Salz zufügen und mindestens drei Minuten lang mit einem elektrischen Rührgerät rühren. Der Senf ist nach einer Woche genießbar, vorher ist er zu scharf.

Käse im Glas
1 Zweig Rosmarin, 1 Zweig Thymian, 1 Lorbeerblatt, 5 Knoblauchzehen, 10 frische Pepperoni, 20 schwarze Oliven, 200 g Schafs- oder Ziegenkäse, aber auch fester Frischkäse, ½ l Olivenöl.
Käse in Würfel schneiden und mit den Kräutern, Pepperoni, Oliven und den ganzen Knoblauchzehen dekorativ in ein großes Glas füllen. Olivenöl darübergießen, das Glas verschließen und an einen dunklen Platz stellen. Nach vier bis fünf Tagen hat der Käse das Kräuteraroma aufgenommen. Als Vorspeise oder Snack mit Weißbrot zu Wein servieren.

Salzgemüse
1 Bund Petersilie, 1 Sellerie mit Knolle und Kraut, je 500 g Möhren, Lauch und Tomaten, 500 g Salz.

Kräuter und Gemüse pürieren und Salz zufügen. Zwei Tage lang immer wieder umrühren. In gut verschließbaren Gläsern hält das Gemüse über ein Jahr. Es wird als Suppen- und Saucenwürze verwendet.

Rosmarin-Wein

4 Zweige frischer Rosmarin, 1 l halbtrockener Weißwein. Rosmarin waschen und trockentupfen, in die Weinflasche geben. Gewürzten Wein zwei Wochen an einem kühlen Platz aufbewahren, danach absieben und in eine hübsche Flasche füllen. Als Aperitif reichen.

Pfefferminzlikör

15 Stengel Pfefferminze, 1 l klarer Schnaps, ½ l Wasser, 500 g Zucker, 1 geriebene Zitronenschale.
Pfefferminze waschen und grob hacken. In ein großes Glas füllen, mit dem Schnaps übergießen. An einem warmen Platz ziehen lassen. Nach zwei Wochen Zitronenschale zugeben, zwei Tage später Wasser und Zucker aufkochen, abkühlen, zu dem abgesiebten Kräuter-Alkoholauszug geben. Über Nacht stehenlassen, danach in Flaschen abfüllen und kühl aufbewahren. Nach drei Monaten ist der Likör genießbar, je älter er wird, desto kräftiger schmeckt er.

Magenbitter

1 Handvoll Pfefferminzblätter, je 1 Teel. Anis-Samen, Koriander und Kümmel im Mörser zerreiben. Mit 40prozentigem, klarem Schnaps übergießen, zwei Tage stehenlassen. Absieben und – runter damit.

Kräuterfilet im Teigmantel

Etwa 100 g Kräuter: Rosmarin, Thymian, Origano, wenig Salbei, 2 Knoblauchzehen, 1 Schweinefilet, 1 Packung tiefgekühlter Blätterteig, Salz, Öl, 1 Ei.
Blätterteig dünn ausrollen, Schweinefilet mit Öl einreiben, salzen und auf den Teigmantel legen. Mit kleingehackten Kräutern und Knoblauch zudecken. Den Teig über dem Filet zusammenschlagen, Ränder mit Eiweiß zusammenkleben. Zwei Luftlöcher oben in den Teigmantel schneiden, alles mit Eigelb bestreichen. Bei 200 Grad etwa 40 Minuten backen.

Küchenkräuter – Anbau/Erntekalender

⊙ = einjährige Pflanze
⊙⊙ = zweijährige Pflanze
♃ = ausdauernde Pflanze
I–XII = Monate

Pflanzenname	Seite	Einjährig, mehrjährig	Auch als Topfpflanze	Aussaat-/Pflanzzeit	Erntezeit	Verwendbarer Pflanzenteil
Anis	3	⊙	–	III–IV	VI–VII	Samen
Basilikum	4	⊙	X	V	VI–IX	Blätter
Beifuß	21	♃	–	IV–V	VI–IX	Blätter
Bergbohnenkraut	22	♃	X	III–IV	VI–VII	Blätter
Bohnenkraut	5	⊙	X	IV	VI–VIII	Blätter
Boretsch	6	⊙	X	IV	VI–VIII	Blätter
Brunnenkresse	23	♃	X	IV–V	VI–XII	Blätter
Dill	7	⊙	X	IV	VI–IX	Blätter, Samen
Duftblattpelargonien	24	♃	X	IV–V	I–XII	Blätter
Eberraute	25	♃	X	IV–V	VII–IX	Blätter
Engelwurz	26	♃	–	IX	V–X	Blätter, Wurzeln
Estragon	27	♃	X	IV	VII–IX	Blätter
Goldmelisse	28	♃	–	IV–V	VII–IX	Blätter
Kapuzinerkresse	8	⊙	X	V	VII–X	Blätter, Blüten
Kerbel	9	⊙	X	III–IV	V–VIII	Blätter
Knoblauch	10	⊙	–	VIII	VIII–IX	Zwiebeln
Koriander	11	⊙	–	IV	VIII–IX	Samen
Kresse	12	⊙	X	III–IV	IV–XI	Blätter
Kümmel	17	⊙⊙	X	IV	VII–VIII	Blätter, Samen
Liebstöckel	29	♃	X	IV	VI–IX	Blätter

Fortsetzung nächste Seite

Küchenkräuter – Anbau/Erntekalender

⊙ = einjährige Pflanze
(••) = zweijährige Pflanze
♃ = ausdauernde Pflanze
I–XII = Monate

Pflanzenname	Seite	Einjährig, mehrjährig	Auch als Topfpflanze	Aussaat-/ Pflanzzeit	Erntezeit	Verwendbarer Pflanzenteil
Löffelkraut	18	(••)	X	III	V–XII	Blätter
Lorbeer	30	♃	X	IV–V	VIII–X	Blätter
Majoran	13	⊙	X	V	V–X	Blätter
Melisse	31	♃	X	IV–V	VI–XI	Blätter
Origano	32	♃	X	IV–V	VI–XI	Blätter, Blüten
Paprika	14	⊙	X	V	IX–X	Früchte
Petersilie	19	(••)	X	IV–VII	V–XI	Blätter
Pfefferminze	33	♃	X	V	VII–IX	Blätter
Pimpinelle	34	♃	–	III	V–IX	Blätter
Portulak	15	⊙	X	V	VI	Blätter
Rosmarin	35	♃	X	IV–V	V–XI	Blätter
Salbei	36	♃	X	IV–V	V–XI	Blätter
Sauerampfer	37	♃	X	V	VI–VIII	junge Blätter
Schnittlauch	38	♃	X	IV–V	I–XII	Blätter
Senf	16	⊙	X	IV	VIII–IX	Blätter, Samen
Sellerie	20	(••)	–	V	VII–IX	Blätter, Wurzel
Thymian	39	♃	X	IV–V	V–X	Blätter
Wacholder	40	♃	X	IV–V	X	Beeren
Wermut	41	♃	X	IV–V	VII–VIII	Blätter
Ysop	42	♃	–	IV–V	VII	Blätter

Küchenkräuter-Register

© 1988 Gräfe und Unzer GmbH, München
Alle Rechte vorbehalten. Nachdruck, auch auszugsweise, sowie Verbreitung durch Film, Funk und Fernsehen, durch fotomechanische Wiedergabe, Tonträger und Datenverarbeitungssysteme jeder Art nur mit schriftlicher Genehmigung des Verlages.

Redaktionsleitung: Hans Scherz
Redaktionelle Bearbeitung und Herstellung: Ursula Kopp
Produktion: Helmut Giersberg
Einbandgestaltung: Heinz Kraxenberger
Satz: Filmsatz Schröter GmbH
Offsetreproduktion und Druck: Graphische Anstalt E. Wartelsteiner
Bindung: Ludwig Auer GmbH

ISBN 3-7742-4658-0

Die Fotografen:
Bellmann: 32; Burda: U4; Eigstler: 42; Flora-Bild: 17; Photo-Center: 5, 12 o., 13, 38; Reinhard: 8, 10, 12 u., 20, 24, 28, 34, 35; Scherz: 7, 19 l., 29, 37, U1; Schimmitat: 18; Schimmitat/Angerer: 3; Schrempp: 22, 25, 26, 31, 33, 36, 40; Silvestris/Wothe: 27; Teubner: 47, 57; Vonarburg: 6, 16, 30; Wetterwald: 23, 39, U2 (6); Wothe: 4, 9, 11, 14, 15, 19 r., 21, 41